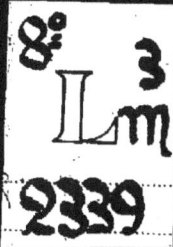

CARDOZO DE BETHENCOURT

NOTES
HISTORIQUES ET GÉNÉALOGIQUES

SUR LA

FAMILLE ASTRUC
(Comtat — Guienne — Paris)

> Ce que nous avons appris, ce
> que nous connaissons, ce que
> nos pères nous ont raconté, ne
> le cachons pas à leurs fils, aux
> générations futures.
> *(Psaume LXXVIII)*

PARIS
SOCIÉTÉ ANONYME DE L'IMPRIMERIE KUGELMANN
G. BALITOUT, Directeur
12, rue de la Grange-Batelière, 12

1895

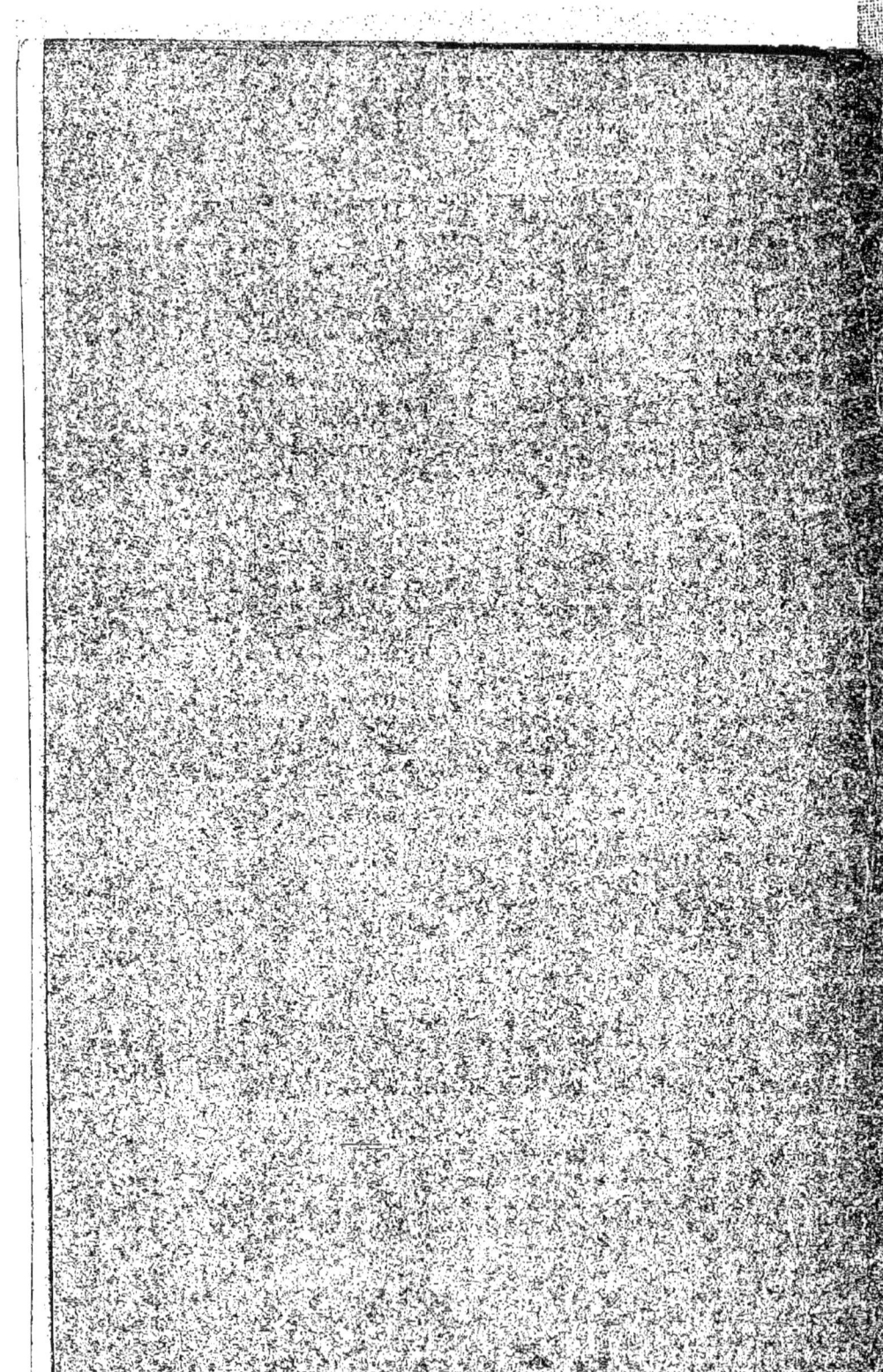

CARDOZO DE BETHENCOURT

NOTES
HISTORIQUES ET GÉNÉALOGIQUES
SUR LA
FAMILLE ASTRUC
(Comtat — Guienne — Paris)

> Ce que nous avons appris, ce que nous connaissons, ce que nos pères nous ont raconté, ne le cachons pas à leurs fils, aux générations futures.
> (*Psaume LXXVIII*).

PARIS
SOCIÉTÉ ANONYME DE L'IMPRIMERIE KUGELMANN
G. Balitout, Directeur
12, rue de la Grange-Batelière, 12

1895

Cet ouvrage a été tiré à 50 exemplaires.

A MON EXCELLENT AMI

DANIEL ASTRUC

AVOCAT
CHEF DE LA PUBLICITÉ
A LA COMPAGNIE GÉNÉRALE TRANSATLANTIQUE

A l'occasion de son mariage
avec Mademoiselle Henriette Pintus
1er Octobre 1895

L. C. B.

NOTES

HISTORIQUES ET GÉNÉALOGIQUES

SUR LA

FAMILLE ASTRUC

I

Origines de la famille Astruc

Comme tous les anciens Israélites du Comtat-Venaissin, les Astruc appartiennent à la tribu de Benjamin. Le nom hébreu de cette famille a dû être גד *Gad*, que l'on peut rapprocher du mot *Aster*, astre ; telle était, du moins, l'opinion de notre maître Isidore Lœb, de savante et pieuse mémoire (1).

(1) *Revue des Etudes Juives*, IV, p. 68.

L'établissement des Astruc en France se perd dans la nuit des temps. Dès le 27 janvier 1040, on lit dans un acte, portant vente au profit de l'abbaye de Saint-Victor de Marseille : « *Nos itaque Abamari, cognomento Malas Trug,... vindimus, ad monachos... nostro alode* (1). »

Malas Trug doit se lire *Mal-Astrug*. Nous en avons la preuve dans le fait suivant : Abbamari ben Antoli portait vulgairement le nom de Sen Astruc de Noles et professait la philosophie à Salon où il eut pour élève, comme on le sait, le célèbre Samuel ben Iehouda ben Meschulam, dit Miles de Marseille (2).

En 1231, nous trouvons, dans une charte (3), mention de Salomon de Melgueil, Juif de Narbonne, fils d'Astruc. — *Salomon de Melgorio, filius Astruc, Judeus.*

Plusieurs rabbins du nom d'Astruc ont occupé une place honorable dans le Judaïsme du Sud-Est de la France et dans

(1) Collection de documents inédits de l'Histoire de France. *Cartulaire de l'abbaye de Saint-Victor de Marseille*, t. I, p. 209.

(2) Schwab, *Histoire des Juifs depuis la destruction du second temple.* (Paris 1866, 8º.)

(3) Saige, *De la condition des Juifs dans le comté de Toulouse*, in *Bibliothèque de l'Ecole des Chartes*, t. XXXIX (1878), p. 310 et 465.

l'Est de l'Espagne. En 1435, par exemple, Rabbi Astruch, maître de la synagogue, fut brûlé à Palma des Baléares (1).

Pendant tout le Moyen-Age, les Astruc résidèrent plus particulièrement dans le Comtat d'Avignon, où les Papes accordaient aux Israélites une liberté relative et un abri beaucoup plus sûr que celui des autres pays.

Mais, lorsque, en 1550, Henri II donna aux Juifs Portugais le droit de s'établir en Guienne, un mouvement se produisit dans les communautés du Comtat : on émigra vers Bordeaux. Les Astruc furent des premiers à prendre part à cet exode.

Israël bar Josuan Astruc vint s'y fixer vers 1660. Il eut plusieurs enfants, entre autres : Mardochée, Salomon, Nathan-Salom, dont nous allons donner la descendance.

(1) Amador de los Rios, *Historia de los Judios de Espana*, t. III, ch. II, p. 85.

II

Les Astruc de Paris au XVIIIᵉ siècle.

L'ainé des fils d'Israël Astruc se nommait MARDOCHEE. Il eut au moins quatre enfants, nés à Bordeaux :

1° Josuan, marié à Nerte Astruc, dont il eut *Jacob* (1), circoncis le 23 mai 1723.
2° Joseph-Haim (2), qui eut pour parrains, le 24 novembre 1730, Salomon bar Aaron et Sephora Semah David, sa grand'mère.
3° Salomon (3), né le 29 décembre 1732.
4° Moise (4), filleul de son oncle Nathan-Salom-Astruc, le 14 septembre 1734.

Ces quatre israélites pourraient être surnommés : « Les quatre fils Aymon », tant leurs aventures furent nombreuses.

---

(1) Archives municipales de Bordeaux, Ms. GG 800 *bis*, *Thezoro de los circumsidados*, A. f° 28.
(2) *Ibid.*, A. f° 39.
(3) *Ibid.*, A. f° 42.
(4) *Ibid.*, A. f° 44.

Nous ne mentionnerons ici que celles de Joseph et de Moïse (1).

En 1753, Joseph Astruc présenta au Lieutenant-Général de Police le passeport dont il était porteur en venant de Bordeaux. Un agent de police y joignit malheureusement la note suivante inscrite sur une carte à jouer — (un dix de pique) : « Joseph Astruc... porte l'épée, des talons rouges ; fait le petit maistre. » Notre jeune homme, relevant prestement le défi, écrivit au Lieutenant-Général pour se disculper. Dans sa requête, il déclare qu'il vient régulièrement à Paris depuis sept ans pour son commerce de soieries. « Il a, « dit-il, agy avec toutte la bonne foy et « l'honneur possible, ce qu'il est prest de « justiffier par les attestations de tous les « marchands avec lesquels il est en rela- « tion d'affaires. » Néanmoins il avait dû se retirer à Versailles et la police répétait encore à son sujet, le 31 décembre 1753 : — « Joseph Astruc... porte l'épée,

---

(1) M. Léon Kahn a analysé, dans ses *Juifs de Paris au XVIIIe siècle*, p. 55 à 58, 65, 103 à 104, la plupart des documents que nous citons ici d'après les Archives de la Bastille. Nous avons, pour notre part, reproduit, soit *in extenso*, soit partiellement, les pièces concernant les Astruc.

« des talons rouges ; fait le petit maitre ;
« entretient des filles, et achepte des mar-
« chandises d'affaires. » Notre Bordelais
ne se découragea pas : il fit une nouvelle
requête avec son associé Samuel Delpuget,
« offrant au surplus se justiffier de tout ce
« que l'on peut avoir avancé sur leur
« compte, tant par eux-mêmes, que par
« gens connus de cette ville et même de
« Bordeaux. » Il parvint à se faire chaude-
ment recommander par Mme de Montevel
de Saint-Vandelin. Il se décida même à
faire une amende honorable singulière-
ment spirituelle : « Ledit Astruc, écrivait-
« il, portoit l'épée et de trop beaux habits;
« il convient que c'est une impertinence
« de sa part. A l'égard de l'entretien des
« filles, si cela est, ce sont des sottises
« que [taisent] ceux qui les font. Il n'a
« jamais porté les talons rouges. » Quant
à son commerce, le procureur du roi a vu
ses livres et n'a rien eu à lui reprocher (1).
— Il semble que toutes ces démarches
n'aboutirent pas, car le 20 septembre 1756,
Joseph Astruc sollicitait encore l'autorisa-
tion de rentrer à Paris (2).

(1) Bibliothèque de l'Arsenal à Paris, Archives de la
Bastille, dossier 10.229.
(2) *Ibidem*, dossier 10.230.

Moïse Astruc (1) ne se contentait pas de porter une épée, il la tirait volontiers du fourreau, comme on va le voir. Voici d'abord son signalement :

« Moyses Astruc, Juif de Bordeaux, âgé de vingt-huit à trente ans ; taille de 5 pieds 3 pouces (2) ; cheveux et sourcils noirs ; le visage brun, maigre et bourjonné ; les yeux petits; le nez aquilain. Il porte l'épée et les cheveux en bourse et est vêtu ordinairement d'un habit de coutil de couleur vineuse, veste et culotte pareille avec des boutons de métal plat et blanc, ou d'un habit de camelot complet, brun glacé, avec des revers et des boutons plats de fil d'argent, un petit chapeau uni avec un bouton et bourdaloue d'argent. »

Ainsi noblement équipé, Moïse Astruc, descendu « rue Dauphine, en une maison « où pend pour enseigne : *Les Armes de* « *l'Empereur* », eut, en 1758, une première aventure : le 1er mars de cette année, l'inspecteur Buhot écrivait ce qui suit, au Lieutenant-général de Police :

MONSIEUR,

J'ay l'honneur de vous rendre compte

(1) Archives de la Bastille, dossier 12.014 Ravel.
(2) Cela donne 1m 70.

qu'en conséquence de vos ordres concernant les Juifs qui portent l'épée au préjudice de la deffence qui leur en a été faite, j'ai appris que Salomon Ravel, juif d'Avignon, et Moyse Astruc, juif de Bordeaux, portoient journellement l'épée ou le couteau de chasse; que ces deux juifs prirent querelle avant-hier à dix heures du soir au caffé de Godin sur le pont Saint-Michel et furent se battre rue Saint-André-des-Arts au coin de celle de Mâcon. Je me suis transporté aujourd'huy chés lesdits Salomon Ravel et Moyse Astruc, accompagné du sieur commissaire Chenu à l'effet de les arrêter et constituer prisonniers au Fort-l'Evêque ou je les ay écroué de l'ordre du Roy.

BUHOT.

Après leur arrestation, Ravel et Astruc firent valoir les intérêts des marchands avec lesquels ils étaient en comptes. Buhot reconnaissait, de mauvaise grâce, que pour ne pas léser ces intérêts, il fallait permettre aux délinquants de se rendre à la grande foire de Reims. On les relâcha le 5 mars.

Trois ans après (1), nouvelle et plus

(1) Archives de la Bastille, dossier 12.014 Ravel.

grave aventure. Buhot écrit au Lieutenant-général, le 29 juin 1761, qu'il a rencontré Moyse Astruc, porteur d'une épée, sur le pont Saint-Michel, à la porte du café Dauphin.. Il lui reprocha de contrevenir aux ordonnances concernant le port des armes. « Il me répondit avec un ton mena-
« çant, rapporte l'agent : « *Allés vous faire*
« *f..., je n'ay point de compte a vous*
« *rendre et laissé moy tranquile.* » Cette réponse, faite hautement, en présence d'une vingtaine de Juifs, me mit dans le cas de lui faire de nouvelles représentations, en l'accompagnant jusqu'auprès de l'église de Saint-Séverin, où il me dit en fureur : « *F... moy le camp, Jean f... ou je te f... mon épée à travers le corps.* » Les effets suivirent les menaces ; il la tira, en effet, en fonçant sur moy. Je fus assez vigilant pour tirer la mienne et parer plusieurs bottes qu'il me porta. Pendant que j'étois occupé à les parer, le sieur Hébert, exempt de robe courte, attiré par le bruit des épées s'approcha et me recconnu[t], poursuivit le Juif avec moy jusqu'au cloître Saint-Benoist, où il se refugia dans une maison attenante à l'église, où je ne jujay pas à propos de faire aucune tentative pour l'arrêter. »

Dans une lettre du 30 juin 1761, le policier Hébert reproduit la déclaration ci-dessus, et dit que la maison hospitalière, où se retira Moyse Astruc, était celle du sieur Mignon, procureur au Parlement de Paris.

Après cette équipée, Astruc crut prudent de disparaître. On le fit rechercher à Orléans, Tours, Lyon et Bordeaux, villes dans lesquelles il était connu et avait des relations d'affaires.

Au cours de ces recherches, Mme Lecour de Malon intervint en faveur du fugitif. Elle écrivit, le 20 juillet 1761, à Mme de Bethisy, abbesse de Panthemont, en la priant de recommander Moyse Astruc au Lieutenant-Général de Police. Elle dit que le R. P. de la Berthonie a entrepris sa conversion, non sans succès : « Il est jeune, « ajoute-t-elle ; c'est une tête légère, mais « il n'a pas de vice... Moïse a une très « bonne éducation ; il fait son commerce « avec honeur ; il est plein de sentiment « et de probité ; j'avoue qu'il n'est pas « aussi dévôt qu'il devroit l'être, mais « Dieu, qui l'a éclairé, luy donnera, à ce « que j'espère, la grâce de la dévotion. »

L'abbesse de Panthemont transmit cette lettre à M. de Sartine, qui exigea au préalable que Moïse se constituât prisonnier.

Celui-ci se présenta, le 5 août 1761, au Petit-Châtelet.

D'autres personnes se joignirent à Mme Lecour de Malon et à l'abbesse. C'est ainsi que nous trouvons la requête suivante (13 août) dans le dossier d'Astruc :

> Monsieur de Sartine, Lieutenant-général de Police.
> Monsieur, — Madame la Marquise de Vernouillet et Madame de Malon vous supply[ent] très humblement et avec instance de faire la grâce, à Moïse Astruc, de luy rendre sa liberté.

Cette pétition avait été précédée, le 4 août, d'une lettre de Mme Lecour de Malon, dont le passage ci-après nous paraît intéressant : « Je prends un grand « intérest à tout ce qui regarde Messieurs « Astruc, parce que je sçais que ce sont « d'honette[s] gens. Moyse est bon chrétien. »

Qu'il fût bon chrétien, cela nous paraît *relativement* vrai. Il dut, comme beaucoup de Juifs du Midi, éprouver une vive sympathie pour le culte catholique ; mais de là à une abjuration, il y avait loin, si loin que Moïse Astruc ne poursuivit pas sa marche sur le chemin de Damas, et mourut juif judaïsant.

Quant à son aventure de 1761, elle n'eut pas de suite : après vingt-cinq jours de détention, il fut purement et simplement relâché.

III

Nathan bar Israël Astruc
et les lettres patentes de 1759

Nathan-Salom Astruc, né vers 1672, à Bordeaux (1), épousa Ester Ravel (2), d'origine avignonaise. Il en eut quatre fils dont nous donnerons ci-après la descendance : Joseph, Samuel, Daniel et Aaron-Israël.

Il lutta avec énergie et habileté pour l'établissement légal et définitif de sa famille en Guienne (3).

Le 12 décembre 1739, l'Intendant de Bordeaux en expulse les Avignonais, mais

---

(1) Malvezin, *Histoire des Juifs à Bordeaux*, p. 312.

(2) *Thezoro de los circumsidados*, A. f° 44 : — « 5494, « ellul 14. Moshe bar Mordojay, de 8 jours, pareins : « Natan-Salom bar Iserael et Ester Rabela, son épouze, « honcle et tante de l'enfan. »

(3) Sur les démarches des Avignonais pour s'établir à Bordeaux, Cf. Malvezin, *loc. cit.*, pp. 193, 197, 208, et Detcheverry, *Histoire des Israélites de Bordeaux*, p. 78.

les Astruc obtiennent un sursis ; ils le font si bien durer qu'une ordonnance analogue doit être prise le 28 février 1740.

Dix ans après, le 12 janvier 1750, nous retrouvons Nathan Astruc à Bordeaux. Les jurats de cette ville rendent témoignage en sa faveur et il obtient du roi le droit d'y résider pour y faire la banque et le commerce maritime.

Enfin, au mois de mai 1759, six familles Avignonaises, — Jacob et Emanuel Dalpuget, Lion et Vidal Lange, *Veuve Nathan Astruc et fils*, Salon Dalpuget, Lion Petit et enfants, David Petit et enfants, — obtinrent des lettres patentes du roi Louis XV leur octroyant tous les privilèges des Juifs Portugais de Bordeaux : droits de résider, de posséder, de trafiquer, de succéder, de voyager, de vivre selon leur coutume, « et généralement procéder et faire ainsi et « de même qu'ils pourroient faire s'ils « étoient originaires françois et régnico- « les. » (1)

Toutefois, ces Juifs, déclarés ainsi français, durent faire un don de 60.000 livres,

---

(1) Lettres patentes en faveur des Juifs ou Nouveaux chrétiens Avignonois établis à Bordeaux. (Bordeaux, chez J.-B. Lacornée, s. d., in-4°.) Il en existe un exemplaire à la Bibliothèque Nationale.

— plus de 120.000 francs de notre monnaie, — pour l'Hospice des Enfants, établi à Bordeaux. Ce n'était pas payer trop cher l'honneur d'être citoyens français, même lorsque l'on était, comme les Astruc, établi, depuis tant de siècles, sur la terre d'Avignon, provisoirement soumise aux Papes.

IV

Branche Joseph bar Nathan Astruc

JOSEPH, fils aîné de Nathan-Salom Astruc, eut trois enfants, nés à Bordeaux, de son mariage avec Rose Astruc.

1° RAPHAEL-DAVID-HAIM (1), filleul de sa tante Nerte Astruc, le 13 février 1755.

2° ISAAC-NATHAN (2), circoncis le 6 décembre 1758. Il eut, pour marraine, sa propre mère et, comme parrain, le Haham Isaac Carigal (ou Caragal), envoyé de Terre-Sainte pour demander des aumônes à la Communauté de Bordeaux. Ce saint homme, soit dit en passant, reçut des parnassim une somme de 180 livres, sous promesse que les Juifs de Hébron n'enverraient personne en Guienne

---

(1) *Thezoro de los circumsidados*, B. f° 28, n° 180.
(2) *Ibid.*, B. f° 36, n° 228.

avant dix années révolues (1). Néanmoins le 23 juin 1761, Bordeaux donnait encore 1.000 livres au « sieur Jacob di Corona (2), « saliah ou envoyé de Jérusalem pour... « [obtenir] quelques secours tant pour le sou- « lagement de nos frères dans ce pays-là que « pour rétablir une sinagogue qui y est tombée « en ruine par le tremblement de terre ».

Revenons aux Astruc : Isaac-Nathan eut un fils : *Joseph*, qui n'a pas laissé de descendance (3).

3° NATHAN-SALOM (4), fut le 3 août 1764, filleul de Belon, fille de Daniel Astruc ; le parrain fut Haïm bar Moshe Lange. Ses enfants (5) ont été :

a) *Betsabel-Lyze* ; b) *Aaron-Chéri* ; c) *Isaac-Théophile* ; d) *Joseph* ; e) *Moïse-Alexis*, marié avec Anna Astruc, dont il a eu Nathan.

(1) Archives du Consistoire israélite de Bordeaux, Registre des délibérations de la Nation portugaise depuis le 11 may 1710, f° 61 r° 25, n° 261. 28 janv. 1759.

(2) *Ibid.*, f° 59 v°, n° 291.

(3) Tel. et Arist. Astruc. *Arbre généalogique de la famille Astruc* (S. l. n. d.)

(4) *Thezoro de los circumsidados*, B. f° 42, n° 267 (ou plutôt : 266).

(5) *Arbre généalogique.*

V

Branche Samuel bar Nathan Astruc

SAMUEL-BARUCH, le second fils de Nathan-Salom Astruc, naquit à Bordeaux, où il fut circoncis le 7 juin 1726, en présence de son grand-père Israël Astruc (1). Il paraît avoir conservé les opinions aristocratiques de sa famille et les avoir affichées avec quelque ostentation, puisque la Commission militaire (2) le condamna à 30.000 francs d'amende, le 14 pluviose an II (2 février 1794). Il épousa Gentille Millaud (3), dont il eut (4) deux fils :

---

(1) *Thesoro de los circumsidados*, A. f° 35. Le patronymique est écrit : *Austruc*.

(2) Aurélien Vivie, *Histoire de la Terreur à Bordeaux*, l. III, ch. vi; t. II, p. 343.

(3) Th. Malvezin, *Histoire des Juifs à Bordeaux*, p. 312.

(4) *Arbre généalogique*.

1° ÉLIE-Moïse, père de *Johanan-Haïm;*
2° Nathan-Salom, père de *Mardochée-Dorsan*, lequel a laissé quatre fils :

a) Samuel, mort en 1871 père de *Valentine*, épouse de Fernand Worms, avocat,— et *Adrienne*, épouse de Achille Dreyfus.

b) Nathan, père de : 1° Georges-Jacob-Abraham, marié à Mlle de Piccioto, dont il a un fils et trois filles: *André*, *Magdeleine*, *Germaine*, et *Yvonne*. 2° Moïse-Henri, marié à Mlle Esther Lisbonne, dont il a eu *Marcelle* et *Jean-Pierre*. 3° Mardochée-Dorsan, marié à Mlle Louise Abraham.

c) Elie-Aristide, né à Bordeaux le 12 novembre 1831 ; rabbin-adjoint à Paris en 1857 ; grand-rabbin de Belgique en 1866; chevalier de l'Ordre de Léopold en 1879 ; grand-rabbin de Bayonne en 1887 ; démissionnaire de Bayonne ; auteur d'une *Histoire des Juifs* récompensée à l'Exposition Universelle de 1878, et de nombreuses brochures d'histoire et de polémique religieuse.

De son mariage avec Mlle Eglée Astruc, fille de Moïse Astruc, R. Elie-Aristide Astruc a eu deux fils : 1° *Mardochée-Lucien*, ingénieur de l'Ecole Centrale, directeur des Forges de Haumont, marié avec Mlle Berthe Ulmo.
2° *Gabriel-David*, publiciste, marié à Paris, en 1895, avec sa cousine Mlle Marguerite Enoch.

d) Daniel Adrien, qui a eu de son mariage avec Mlle Zélia Vidal-Naquet deux fils :

1° *Mardochée-Edgard ;*
2° *Jacob-Samuel-Gaston*, marié avec Mlle Jeanne Haas, dont il a eu : *Roger* (1894) et *Simonne* (1895).

VI

Branche Daniel bar Nathan Astruc.

DANIEL-GAD (1), le troisième fils de Nathan-Salom Astruc, eut pour marraine, le 27 juin 1727, Hana Delpuget Gentilhomme. Sa mort fut enregistrée dans les termes suivants (2) par un membre de la Communauté bordelaise : « Le respectable « et vertueux Daniel Astruc a terminé ses « jours le 4 décembre de l'année 1811, « après dix-sept j[ours] des plus grandes « souffrances. Il fut bon père, bon ami et « honnête citoyen. Il emporte en mourant « les regrets de tous ceux qui l'ont « connu... » Qu'il fut « honnête citoyen », nous n'en pouvons douter en voyant son nom figurer très honorablement dans la

---

(1) *Thezoro de los circumsidados*, A. f° 36.

(2) Copié sur la garde d'un exemplaire de *Lettre sur les aveugles à l'usage de ceux qui voyent* (Londres, 1749), exemplaire de la bibliothèque de M. Daniel Astruc, avocat, à Paris.

souscription nationale (1) ouverte chez les Israélites de Bordeaux, en 1792. — Daniel Astruc eut deux fils :

1° NATHAN-SALOM (2), circoncis à Bordeaux le 13 juillet 1760, mort en 1839, laissant trois fils :

a) Mardochée-Elysée, père de *David-Fernand*, qui fonda à Bordeaux l'importante maison Astruc et Raynal, par association avec son parent M. David Raynal, député de la Gironde depuis 1879, et plusieurs fois appelé à faire partie du ministère.

David-Fernand Astruc est décédé à Bordeaux. Il avait épousé Mlle Camille Rodrigues appartenant à l'une des plus anciennes familles du Judaïsme bordelais (3). De ce mariage sont issus :

---

(1) Detcheverry, *Histoire des Israélites de Bordeaux*, p. 69.

(2) *Thezoro de los circumsidados*, B. f° 39, n° 246.

(3) Dès 1636, on trouve des Rodrigues mentionnés officiellement à Bordeaux comme « nés français ». Parmi les membres les plus notables de cette famille on peut citer : Isaac Rodrigues, fondateur du Muséum de Bordeaux, mort en 1822; Olinde Rodrigues, le célèbre apôtre du Saint-Simonisme, etc. — Parmi les diverses branches de cette maison, il y a lieu de signaler les suivantes : Rodrigues-Furtado, Rodrigues-Henriques, Rodrigues-Silva, et, surtout, Rodrigues-Pereire, illustrée par Jacob Pereire, premier instituteur des sourds-muets en France (1715-1780), grand-père des célèbres économistes Emile et Isaac Pereire.

1º *Nathan-Salom-Georges*, vice-consul de Belgique à Bordeaux, marié, à La Haye, avec Mlle Elyse Levyson;
2º *David-Daniel*, avocat, chef de la Publicité à la Compagnie Générale Transatlantique, marié, à Paris, le 1er octobre 1895, avec Mlle Henriette Pintus.

b) David-Edouard, second fils de Nathan bar Daniel Astruc, n'a eu qu'un fils : *David-Telephe*.

c) Joseph-Telephe, né en 1810, l'un des premiers administrateurs (1852) de l'Hôpital Rothschild à Paris (1), a eu deux fils :

1º *Daniel-Léonce*, né en 1833, père de *Nathan-David*;
2º *Samuel-Aristée*, né en 1835.

2º DAVID AARON (2), fils de Daniel bar Nathan Astruc, naquit à Bordeaux le 18 juillet 1763. Il laissa (3) deux fils :

a) David-Chéri.
b) Joseph-Auguste.

---

(1) Léon Kahn, *Histoire de la Communauté israélite de Paris. Le Comité de bienfaisance*, p. 79.
(2) *Thezoro de los circumsidados*, B. f° 41, n° 257.
(3) *Arbre généalogique.*

VII

Branche Israël bar Nathan Astruc.

ISRAEL-AARON, quatrième fils de Nathan bar Israël Astruc, est l'objet d'une mention spéciale dans le registre des circoncisions (1). Voici la transcription littérale de son acte de *berith* :

5498, Tébet 17 = 1738, janv^r 9. — Israel Aron Barnatan Astruc, [âgé] de . 8 . jours. Pareins : Joshef bar Natan, frère de l'anfan, et Regina bar Salom. L'anfan a été tenu par Salom bar Israel, dans la maizon d'Eirau, à Lesparc, dans le Medoc, seigneurie de M. le duc de Gramon.

Le seigneur de Lesparre, qui donnait ainsi l'hospitalité à la famille Astruc, n'était autre que Louis-Antoine-Armand, duc de Grammont, pair de France, sire de Lespare, seigneur de Guiche, Louvigny et autres lieux, chevalier des ordres, lieutenant général, gouverneur de Navarre, de Béarn et de Bayonne (2).

(1) *Thezoro de los circumsidados*, A. f° 52.
(2) La Chesnaye-Desbois. *Dictionnaire de la Noblesse*.

Aaron-Israël Astruc mourut en 1817, laissant trois fils, nés à Bordeaux :

1° NATHAN-SALOM-MICHEL, filleul (1), le 11 juin 1770, de Benjamin Naquet et de Rose Astruc. Il eut deux fils :

a) *Moïse-Amédée*, qui fut père de :

1º *Nathan-Michel-Elomir*, mort en 1895, laissant deux fils : *Moïse-Amédée-Gaulthier* et *Hubert-Marcel*;
2º *Daniel-Maurice*.

2° ABRAHAM, né le 4 novembre 1772 et circoncis seulement à l'âge de 2 mois et 7 jours, par suite de maladie (2).

3° ISAAC-HAIM, filleul, le 7 avril 1774, de Moïse Petit et de Léa, fille de Léon Lange (3).

(1) *Thesoro de los circumsidados*, B. fº 44, nº 282.
(2) *Ibidem*, B. fº 46, nº 285 (ou plutôt : 290).
(3) *Ibidem*, B. fº 46, nº 287 (ou plutôt : 292).

2154. — Paris. Société anonyme de l'imprimerie Kugelmann (G Balitout, directeur), 12, rue de la Grange-Batelière.

183

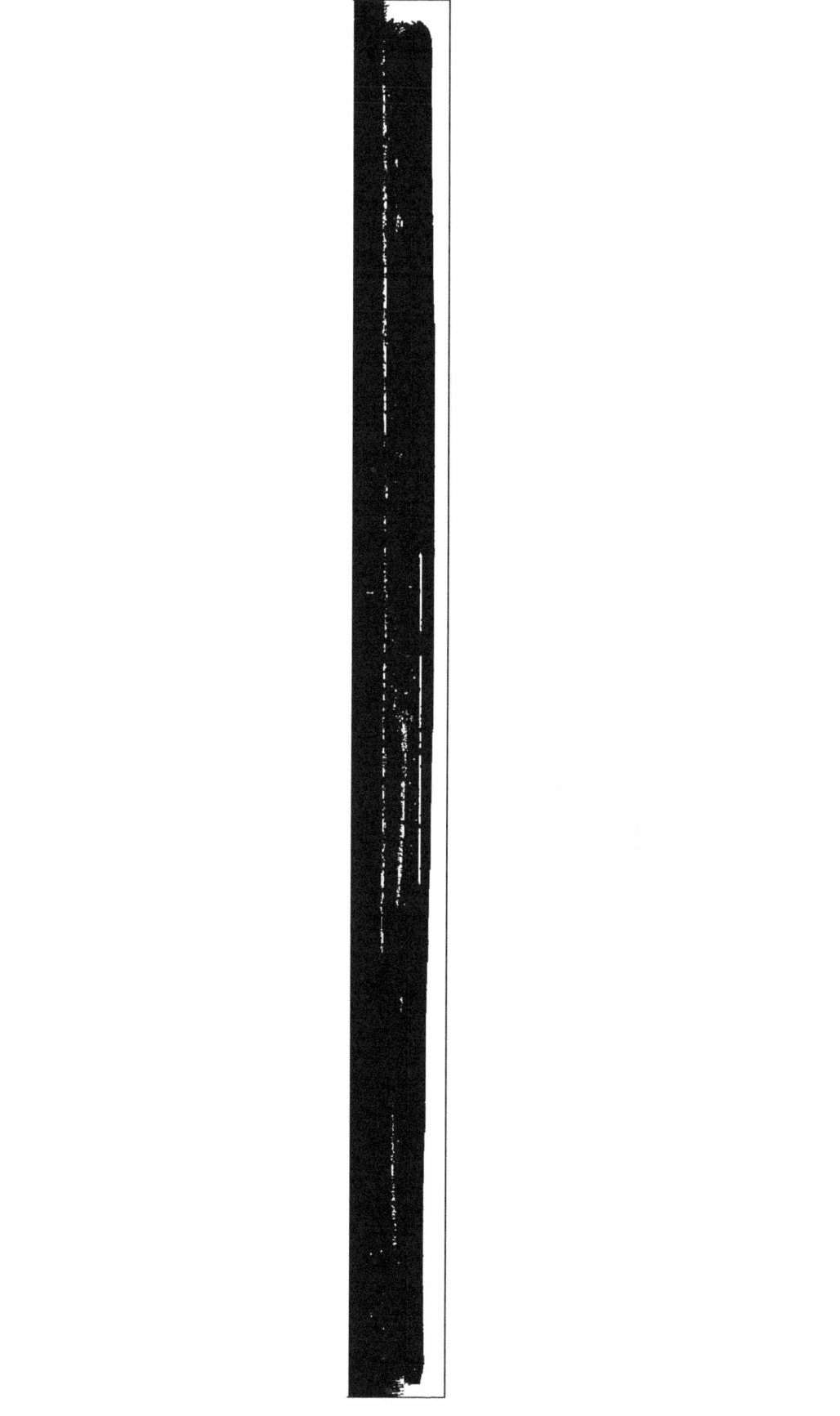

www.ingramcontent.com/pod-product-compliance
Lightning Source LLC
Chambersburg PA
CBHW060524050426
42451CB00009B/1153